나는 한 마리 개미

蚁 " 🐜 " 呓

주잉춘
그림

저우쭝웨이
글

장영권
옮김

한국 독자들에게

《나는 한 마리 개미》가 세상에 나온 건 순전히 우연이었다. 2006년 어느 날, 우리는 길을 가다 문득 마주친 개미에 끌리게 됐고, 이 작디작은 생명에 관심을 기울이기 시작했다. 처음엔 무슨 목적이 있었던 것도 아니고 그저 '재미나니까' 이런저런 작업을 해 볼 작정이었다. 우리는 그림과 글이 어우러진 형식으로 이 개인적인 느낌을 표현했다. 그리고 '재미나니까' 이 작품을 친구들에게도 보여 줬는데, 다들 좋다며 고개를 끄덕이는 것이었다. 친구들은 이렇게 돌려 볼 게 아니라 더 많은 이들이 감상할 수 있도록 책으로 내는 게 어떠냐고 했다. 그렇게 책이 출판되었고, 독자들의 반응은 생각보다 훨씬 뜨거웠다. 2007년에는 '중국에서 가장 아름다운 책'에 선정되었고, 2008년에는 운 좋게도 유네스코가 주는 '세계에서 가장 아름다운 책' 특별상을 받았다. 더없이 큰 격려로 우리는 한껏 고무되었다. 이제 《나는 한 마리 개미》가 한국어판의 출간을 맞는다. 영광스럽게도, 우리가 체득한 것을 한국의 독자들과 나눌 수 있게 되었다.

개미는 비록 눈에 잘 띄지 않을 만큼 작지만, 그들에겐 사람이 배우고 존경할 만한 고귀한 품성이 어려 있다. 그들은 일하러 나서면 지칠 줄 모르고 엄청나게 부지런하다. 강적을 만나더라도 물러서지 않을 만큼 용감무쌍하다. 여럿이 힘을 모을 때엔 제 일을 다 제쳐 두고 단결한다. 그런데 흥미롭게도 한국인들 또한 부지런하고 용감한데다 끈기 있고 단결력 강한 품성으로 우리에게 깊은 인상을 심어 주었다. 《나는 한 마리 개미》의 한국 출간에는 그런 묘한 인연의 힘도 있는 것 같다.

우리는 자그마한 개미가 보여 주는 위대한 품격이 한국 독자들의 마음에도 들 것이라고 믿는다. 아울러 《나는 한 마리 개미》가 우리 모두의 가슴과 가슴을 이어 주고 소통하게 만드는 계기가 되기를 기대한다. 고운 심성이 오가는 데엔 국경 따위가 가로놓일 리 없으리라. 생명을 소중히 여기는 여러분 모두의 행복과 평안을 기원하며!

주잉춘, 저우쯩웨이

《나는 한 마리 개미》에 대하여

《나는 한 마리 개미》를 처음 본 것은 2008년 초 겨울이었다. 그해 11월 하순에 파주 출판도시에서 '아시아의 상상력과 종이'라는 주제로 열린 '동아시아 책의 길' 행사가 있었다. 그때 중국 발표자로 참여한 저자 주잉춘으로부터 그 책을 선물로 받았다. 그는 '종이에 정이 있으니 책에 혼이 깃들다'라는 제목으로 강연을 하였다. 강연 내용은 자신이 디자인한 아홉 권의 책에 대한 것이었다. 《나는 한 마리 개미》가 소개되었음은 물론이다.

그때 무엇보다 인상이 깊었던 것은 강연을 시작하면서 이 책의 작가인 주잉춘 자신의 스튜디오를 사진을 통하여 소개한 부분이었다. 중국 북디자인의 중견으로 명성을 떨치고 있는 그의 작업장을 보는 것은 매우 흥미를 돋우는 일이었다. 그의 작업장은 난징 사범대학교 캠퍼스 안에 있다고 했다. 그는 그의 전문인 디자인 일 외에 난징대학 출판부에서 편집 일도 하면서, 문창과에서는 겸임교수로 학생을 가르치고 있다고 했다.

난징 시내 중심 번화가에 있던 스튜디오를 아무에게도 방해받지 않고 조용히 일을 하고 싶어서 대학 구내로 옮겼다고 했다. 그의 작업장 창 너머로는 백 년이 넘은 나무와 건물을 바라볼 수 있으며 자동차 경적 소리도 들리지 않는 조용한 곳이라고. 봄, 여름, 가을, 겨울의 벌레들이 사무실로 들어와 같이 지낸다고 했다. 그 벌레들을 사진을 찍어 앨범으로 만들곤 한다고 했다. 같은 생명체이기에 벌레들이 마음을 편안하게 해 준다고…….

《나는 한 마리 개미》의 작업도 이러한 그의 작업실 환경과 무관하지 않을 것이다. 그의 작업실에는 판화 찍는 기계가 있으며, 스스로 찍은 판화들로 디자인을 하기도 한다고 했다. 아침 여섯 시경 출근하여 중국 고전 악기인 '고쟁'을 연주하는 것으로 하루를 시작한다고 했다. 여덟 시경에는 다실로 가서 혼자 조용히 차를 마신다고 덧붙였다.

《나는 한 마리 개미》를 처음 보았을 때, 나는 중국어를 모르니 이미지만 볼 수밖에 없었다. 그 후 몇 년이 지나 출판사의 번역 원고를 통하여 내용을 읽을 수가 있었다. 번역된 원고를 처음 읽고 나서는 나는 매우 혼란스러웠다. 한마디로 이 책의 이미지들이 주는 인상에 비해 글의 내용이 매우 무겁게 느껴졌기 때문이다. 시간을 두고 글을 다시 보면서도 처음의 인상은 크게 가셔지지가 않았다.

그러던 중, 나는 어이없게도 내가 글만을 따로 떼어 내어 읽고 있다는 것을 깨달았다. 출판사로부터 전해 받은 번역 원고만 보고 있었다. 이미 그전에 이 책을 이미지로 여러 차례 보았기 때문에 나도 모르게 글만 보았던 것이다. 나는 새삼스럽게(?) 글과 그림을 같이 보았다. 그러자 당연히 개미는 내게 새로운 세계를 드러냈다. (아마 이런 기묘한 책 보기는 내게 두 번 다시 없을 것이다.)

《나는 한 마리 개미》의 세계는 한마디로 명상적인 것으로 내게 다시 다가왔다. 처음 글로만 읽었을 때 받았던 무거웠던 분위기가 서서히 가셔지면서 말이다. 무엇보다도 이 책의 특징이자 깊은 의미를 머금고 있는 여백, 숨어 있는 듯 일정한 자리에 작은 활자로 자리 잡고 있는 타이포그래피, 그리고 각 펼침 페이지마다 그것들이 만들어 내고 있는 반복, 그리고 이미지와 활자가 이루어 내고 있는 조화. 이는 《나는 한 마리 개미》를 통하여 주잉춘만이 보여 줄 수 있는 탁월한 디자인의 세계다. 그리고 그의 디자인은 글이 말하지 않은, 이미지만이 표현할 수 있는 섬세함을 통하여, 책에서 디자인만이 보여 줄 수 있는 세계를 우리에게 선물한다.

《나는 한 마리 개미》를 보고 나서 우리에게 남는 인상은 이 책의 가장 큰 특징인 여백일 것이다. 이 책의 여백들이 가볍지 않고 깊이 있게 살아나는 것은 사진적 이미지가 주는 사실성과의 대조를 통하여 얻어진 것임은 물론이다. 이 여백은 우리에게서 떠나지 않고 깊은 울림을 만들어 낸다. 그것은 이 여백들이 배경을 지우고 나서 얻어진 것이기 때문이다. 흰 여백으로 표현되기 이전 배경들은, 사실은 우리 인간들의 세계다. 개미가 본다면 한없이 크고 넓기만 한 인간의 세상이다. 총천연색의 세속적인 인간 세상. 그런데 그것은 표백되어 여백으로 책에 등장한다. 이 책의 여백의 의미는 이 표백 작용을 통하여 발생하고 우리에게 전해진다. 우리가 《나는 한 마리 개미》에서 느끼는 명상적 의미는 이 책의 표백된 여백들이 만들어 낸 것이다. 이 명상적 의미는 작은 것을 통하여 큰 의미를 깨달을 때 우리가 느끼는 것이리라.

지난해 11월 '중국의 아름다운 책들'을 심사하는 일로 상하이에 갔을 때, 나는 주잉춘과 오랜만에 다시 만났었다. 그는 내게 난징에 있는 자신의 스튜디오를 방문할 것을 권했었지만 나는 가지 못했다. 생각할수록 아쉽기만 하다. 아름다운 책, 《나는 한 마리 개미》가 태어난 작업실이 새삼 보고 싶어지기 때문이다.

북디자이너 정병규

아이 때는 땅바닥에 쪼그려 앉아 개미만 봐도 시간 가는 줄 몰랐죠. 개미들 사는 모양이 그렇게 재미날 수가 없었습니다. 어른이 되고 나선 개미 볼 일이 없어졌어요. 그저 제 앞가림에 바빴죠. 개미는 나의 세계에서 멀어져 갔습니다. 어쩌다 〈동물의 왕국〉 같은 데서나 다시 볼 수 있었는데, 너그러운가 하면 제멋대로이기도 한 그들의 모습이 사람과 다를 바 없다고 새삼 느끼곤 했습니다. 개미들은 사람과 마찬가지로 먹을 것을 구하고, 번식하고, 무리를 짓고, 싸우고, 심지어 동료의 시체를 묻어 줄 줄도 알더군요. 어느 날 다시 땅에 쪼그리고 앉아 개미를 지켜봤는데, 문득 개미가 사람을 닮은 게 아니라 실은 사람이 개미를 꼭 빼닮았다는 생각이 들었습니다. 뻣뻣하게 서 있는 사람은 개미가 눈에 들어오지 않아, 작디작은 개미의 생명을 마음대로 할 수 있다고 여기기 십상입니다. 땅바닥에 앉았을 때에야 사람과 개미는 똑같이 가엽다는 걸, 이 우주에서 사람은 개미보다 나을 것 없이 허약한 존재라는 걸 깨닫게 됩니다. 자신을 낮추고 쪼그려 앉아 가만히 보면 거기 세상의 참 모습이 펼쳐질 겁니다. 사람과 개미는 원래 같으니까요.

小时候喜欢蹲在地上看蚂蚁，总是能从蚂蚁的生活中发现许多乐趣。大了以后不再看蚂蚁，而只顾及自己，蚂蚁从我的世界中远去。偶尔从"动物世界"中再看到蚂蚁，带着一种人的宽容与自以为是，总感觉蚂蚁很像人，它们和人一样觅食、繁衍、结群、打架，甚至像人一样知道埋葬同伴的尸体。某一天又蹲下来仔细地看蚂蚁，才发现原来不是蚂蚁像人，而是人才真正像蚂蚁。高高在上时，人看不见蚂蚁，以为人可以主宰小小蚂蚁的生命，蹲下来时，才发现人和蚂蚁一样值得怜悯，人在宇宙之中脆弱如蚂蚁。只有放低自己，蹲下来看世界才会发现世界的真谛。人和蚂蚁，本是同类。

나는 한 마리 개미. 당신에겐 보이지 않는다. 나의 세계가 어둠 속에 묻혀 있어서가 아니다. 다만 내가 너무 작아서 좀처럼 당신의 눈길을 끌지 못할 뿐이다.

我是一只蚂蚁，你看不见我，并非我的世界一片黑暗，只是因为我小得难以进入你的视线。

처음 이 세상에 왔을 때 나를 맞아 준 것은 정오의 햇살이었다. 햇살은 땅 위의 모든 것을 끝 간 데 없이 비추고 있었다. 그 한가운데에 덩그러니 놓인 나는, 외롭고 조금은 두려웠다.
第一次来到这个世界，迎接我的是正午的阳光。阳光很亮，无边无际铺在地上，我被独自晾在了中央，孤单得有点害怕。

외로움을 달래려 자기 그림자를 동무 삼는 이도 있다. 고개를 숙여 보니 내 그림자는 있으나 마나 할 정도로 너무나 작았다. 내겐 그림자가 없었다. 그림자는 나에게 하나의 꿈이 되었다.

孤独的时候，有人喜欢和影子作伴，低头一看，才发现我的影子竟然小得可以忽略不计。我没有影子，于是，影子就成了我的一个梦想。

달팽이도 끝없이 퍼지는 햇살이 무섭다고 했다. 그럼 함께 그림자를 찾으러 가자고 손을 내밀었더니, 그는 고개를 가로저었다. 달팽이는 그림자를 등에 업고 다녔다. 그는 언제 어디서나 자기 그림자 속으로 쏙 들어가 햇살을 피할 수 있었던 거다. 내겐 왜 그런 그림자가 없을까?

蜗牛说，他也害怕无边无际的阳光，我劝他和我一起去找影子。他说不用，他的影子就背在背上，他可以随时随地缩进他的影子里躲避阳光，可我的影子在哪？

내가 처음 찾아낸 그림자는 질주하는 바퀴들 밑에 있었다. 나는 반가움에 겨워 달려가 보려 했다. 하지만 그림자는 이리저리 어른거리며 가만 있지를 않았다. 나는 눈앞이 핑핑 돌아 아뜩해졌다.

终于，我找到了第一片影子，在无数的车轮下面。我激动得想奔过去，可它飘忽不定，我忽然感到一阵眩晕。

정신을 차려 보니, 내 눈앞엔 차에 깔려 납작하게 거죽만 남은 바퀴벌레가 있었다. 그도 그림자를 갈망했던 걸까. 나처럼 그림자 밑에서 햇살을 피해 보고 싶었던 게지. 그런데 외려 그림자 때문에 제 목숨을 산산이 앗기고 만 것이다.

醒来之后，眼前出现的是一只被轧破肚皮的蟑螂，也许他也曾经像我一样渴望影子，想在影子下躲避阳光，却为了影子被车轮碾去了生命。

나는 이제 내 그림자를 찾지 않기로 했다. 하루 종일 목숨을 건사하느라 조심하고 또 조심했다. 처음으로 강적과 맞닥뜨렸을 때, 나는 작기만 한 자신을 사무치게 원망했다. 어쩜 제 한 몸도 지키지 못할 정도로 작은 건지…….
于是我决定不再去找影子，终日小心翼翼地看护着自己的性命。初次遭遇强敌，我在心里拼命地抱怨自己太小，小得不足以保卫自己。

막 죽을 고비를 넘기고 놀란 가슴이 채 진정되기도 전에 나는 또다시 위험에 맞닥뜨렸다. 그렇지만 이번엔 속으로 다행이라고 생각했다. 몸집이 작은 덕분에 신발 바닥에서 살아남을 틈을 너끈히 찾을 수 있었던 거다.

刚刚死里逃生，惊魂未定，又遇到了险情。可这次的经历却让我暗自庆幸，正是因为我小，我才可以在鞋底下找到宽裕的生存缝隙。

나는 땅에서 겪은 일들에 그만 넌덜머리가 났다. 이젠 땅바닥에서 멀리 떨어진 높은 곳으로 올라가 보고 싶었다. 나는 민들레 위로 기어 올라갔다. 폭신한 솜털에 감싸이고 나자 겨우 마음이 놓였다. 더 높이 오르면 더 아늑한 곳이 펼쳐질 것만 같았다.

在地面上的这些经历让我饱尝艰辛，因此，我想远离地面，向往更高的地方。我爬上一枝蒲公英，在它那浓密绒毛的庇护下，我终于感到了安全和笃定。我以为，爬得越高就越能呆得越稳。

한바탕 불어온 바람이 평온한 한때를 흐트러 놓았다. 민들레 홀씨가 나를 매달고 날아오르자 마냥 들뜨고 짜릿했다. 이번엔 바람이야말로 세상에서 제일 좋은 것이라고, 나는 또 생각했다.

一阵风打破了我的宁静，蒲公英的种子载着我一起飞行，快乐又刺激。我又以为，风是世界上最好的东西。

잠깐의 즐거움 뒤에는 예기치 못한 위험이 도사리고 있었다. 마음껏 오갈 수 있게 해 주던 바람이 외려 나를 죽음의 땅으로 보낼 줄은 꿈에도 생각지 못했다.

危险却在短暂的快乐之后不期而至。我怎么也没想到，来去自由的风竟然把我送往一个死亡之地。

절망의 순간, 마침 빗방울 하나가 툭 떨어졌다. 용케 살았구나 싶었더니,
맙소사, 기뻐할 겨를도 없이 또 다른 근심에 휩싸이고 말았다.
绝望之中，一颗雨滴砸了下来，意外地救了我的性命，我甚至还没来
得及庆幸，便又开始担心。

빗물이 모이자 강물이 되었다. 나는 있는 힘을 다해 꽃잎 위로 기어올랐다. 미미하기 짝이 없는 나로선 물결에 몸을 맡기고 망망대해를 흘러가는 수밖에 다른 도리가 없었다.
雨水汇成了河流，我奋力地攀上一只花瓣船。在一片汪洋之中，除了任由渺小的自己随波逐流之外，别无他策。

어딜 가나 위기에 둘러싸이는 처지가 되자 내게도 집이 있었으면 하는 생각이 간절했다. 그러다가 매미의 허물을 발견했다. 딱딱한 껍질 속이 널찍하면서도 안전해 보여 마음에 꼭 들었다. 달팽이처럼 그 껍질을 이고 돌아다니면 되겠구나 싶었다. 하지만 부질없는 일에 매달린 꼴이었다.

危机四伏的生活使我很想有个家。我无意中找到了一只蝉蜕，它壳内宽敞又安全的空间让我十分满意。我想像蜗牛一样背着它四处行走，可怎么努力也无济于事。

'맴맴맴맴' 비웃는 소리가 숲 속 가득 울려 퍼졌다. 한 매미가 내게 다가와 친절하게 일러 주었다. "이건 내가 벗어 버린 거야. 네 것이 아니란다. 그걸 벗어 버리고 나서야 난 날아오를 수 있었지. 무언가를 버리지 않으면 너는 영영 자랄 수 없어."

树丛里的蝉纷纷"知了，知了"地嘲笑我。一只好心的蝉对我说："这是我丢掉的东西，它不属于你。我只有丢掉它才能学会飞翔。如果你不舍弃一些东西，你将永远无法长大。"

나는 하릴없이 여기저기를 홀로 떠돌았다. 마음씨 좋은 지네가 자기 '열차'에 올라타고 여행을 가자고 했다. 하지만 어디로 가야 할지 도무지 모르겠는걸. 어쩌면 나는 그저 외로움을 달래 줄 동료를 만나고 싶었던 건지도 모르겠다.

我在困惑和无助中到处流浪，一只好心的百足虫让我坐上他的列车去旅行，可我却不知道终点该在哪里。或许，我只是想找一个伙伴来打发寂寞。

우연히 온도계를 만났다. 빼어나게 아름다운 그녀의 몸매가 나를 첫눈에 사로잡았다. 나는 그녀를 한 눈금 한 눈금 다정스레 어루만져 주었다. 그러나 그녀는 나의 체온을 느끼지 못했다. 열없어진 나는 기운 빠진 목소리로 그녀에게 물었다. "어떻게 해야 당신의 마음을 따뜻하게 해 줄 수 있나요?" 그녀는 말했다. "시간이 필요해요."

偶然地，我认识了一只温度计，她的优美体型让我一见倾心。我温柔地抚摩过她的每一格刻度，可她却测不出我的温度，我无奈又伤心，便问她，怎样才能温暖她的心？她说，她需要时间。

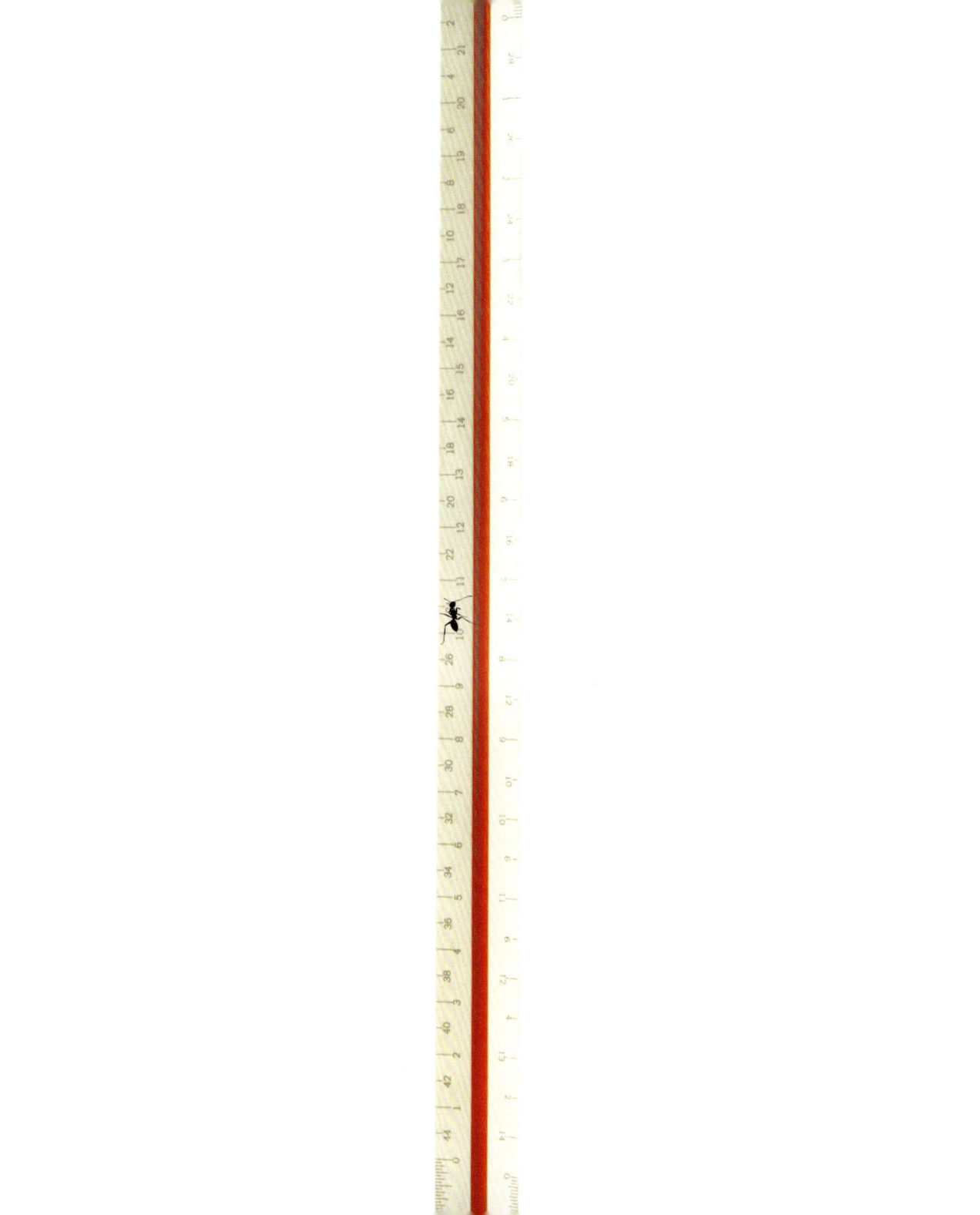

그런데 나는 시간이란 게 뭔지 몰랐다. 다만 내가 아는 것은, 사람들은 항상 벽이나 손목에 바늘 세 개를 걸어 놓고 사용하는 습관이 있다는 것이었다. 나는 시간이란 그저 바늘이 회전하는 것일 뿐이라고 생각했다.

但我不知道什么是时间，只知道人们总是习惯于用三根针来把它钉在墙上，或贴在腕上。我以为，时间不过是针的转动而已。

화석이 된 물고기의 몸에서, 나는 드디어 시간의 흔적을 보았다. 그도 살아 있는 동안에는 나처럼 시간의 의미를 몰랐을 것이다. 이제 보니, 시간이라는 존재를 제대로 알려면 목숨을 걸어야 하는 거였다.

在变成化石的鱼身上，我终于看到了时间的痕迹，当年的他一定像我一样不知道时间的意义。原来，要真正明了时间的存在就需要付出生命。

나는 생명에 무슨 의미가 있는지 궁금해졌다. 답을 찾아보겠다고 낑낑대며 책장 위를 더듬거렸다. 한 글자, 한 글자를 뒤적이다 나는 깨달았다. 책에서 암만 기어 다녀 봤자 한바탕 다리 운동만 될 뿐이란 걸.

我开始对生命的意义产生了怀疑，为了找到答案，我不辞辛劳地爬行在书上，一个字一个字地搜寻，最终却发现，在书中的爬行只是一场锻炼肢体的游戏。

嘒嘒說文
作鉞鉞。
屆叶音記
正出直出
也。
芹爾雅謂
之楚葵、
下叶音戶、
紓叶音杼
命叶音名
芾爲縢衛
譯幷疏也
幅以束脛
利趨蹌也
只是也。
彼交匪敖
萬福來求
彼交匪紓
天子所予
禮以齊遬
爲敬也。
此兩只字
左襄十一
未未作

動貌。嘒嘒聲也。屆至也。○觱沸檻泉
其芹。諸侯來朝。則言觀其旂。見其旂
聲。又見其馬。則知君子之至於是也。○赤芾音弗在股。邪叶後五反彼交匪紓。音舒叶上與反天子所予。音與音止君子。天子命叶彌幷反之。樂只君子。福

賦也。脛本曰股。邪幅偪也。邪纏於足
縢所以束脛在股下也。交交際也。紓
言諸侯服此芾幅。見於天子。恭敬齊
敢紓緩。則爲天子所與。而申之以福

維柞之枝。其葉蓬蓬。樂只君子。殿多反之邦。叶卜工反樂只君子。萬福攸同。平平

책에서 '하산'해 보니, 책장지기 돋보기가 있었다. 그 앞을 기웃거리다 처음으로 내 모습을 보았다. 상상했던 것보다 훨씬 큰 덩치가 비끼어 있는 걸 보고 나는 깜짝 놀랐다. 그래, 실은 나도 저렇게 크고 힘차 보이는 녀석이었군.

从书山上下来，我遇到了一只生活在书山脚下的放大镜，从它的反射光中，我第一次看到了自己。我惊讶于镜子中超乎自己想象的庞大形象，才发现自己原来也很强大。

나는 자신을 다시 보기 시작했다. 우람한 내 몸집이 뿜어내는 힘 때문에 압력계의 유리가 박살 났다고, 나는 굳게 믿었다. 이제 동무 따위는 필요 없다는 생각이 들었다. 나는 오로지 영웅이 되려는 생각에 골똘히 빠졌다.

我开始重新认识自己。我确信是我的强大躯体爆发的力量压碎了玻璃。此刻,我已不再需要找伙伴,我只想出去当一个英雄。

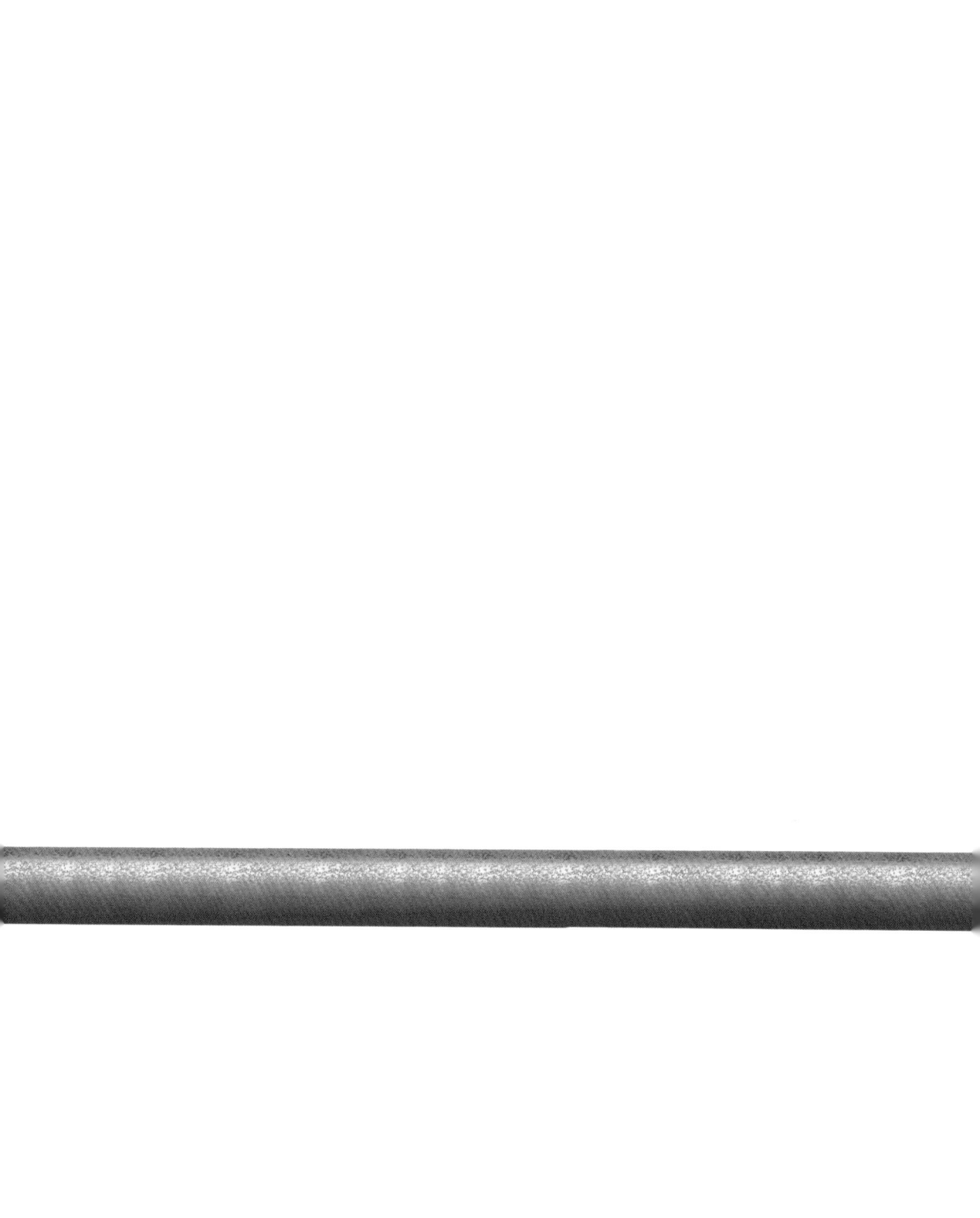

영웅의 꿈을 품고 온종일 사방으로 쏘다녀 봤지만, 어떻게 해야 영웅이 되는지 도무지 알 수가 없었다. 그러다 양식을 나르는 동족들의 행렬과 마주쳤고, 내 가슴은 이내 영웅이 되어야겠다는 욕망으로 요동쳤다.

我终日怀揣着做英雄的梦想，四处游荡，却不知英雄究竟应该怎样去当，直到我遇见了一群正在搬运粮食的同类，我心里那个当英雄的欲望才真正开始膨胀。

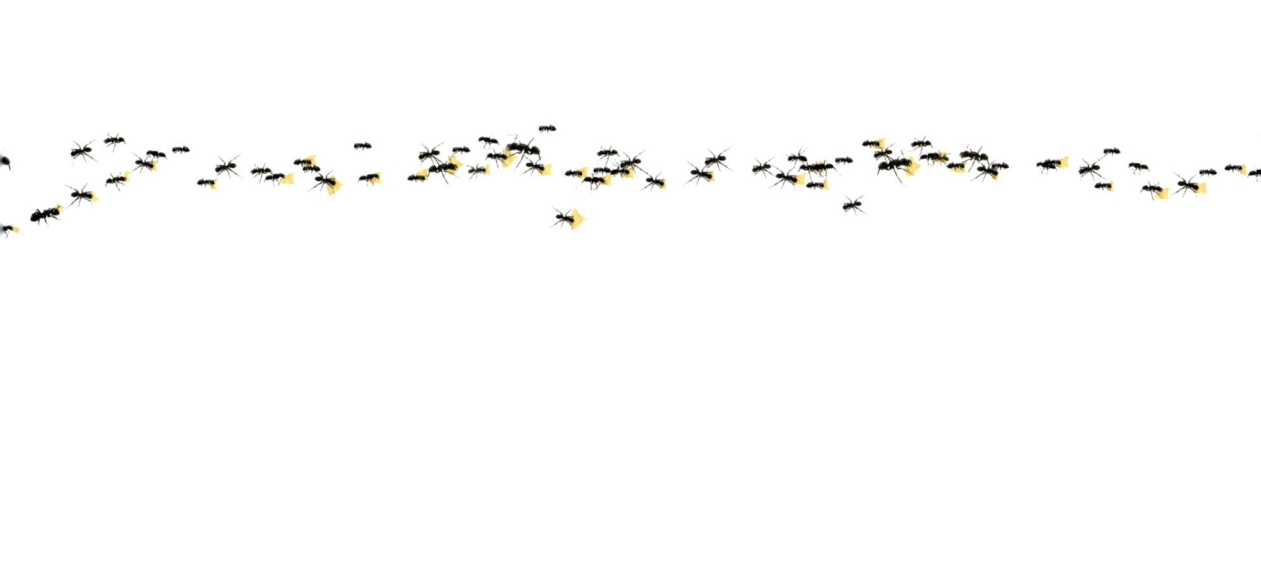

나는 동족들을 따라가 그들이 사육하는 진딧물들을 눈여겨보았다. 그래, 세상엔 우리보다도 작고 힘없는 생명들이 있고, 게다가 기꺼이 우리의 노예가 되어 주는구나. 나는 내가 가진 힘에 더욱 우쭐해졌다.

同类们领着我去观赏他们饲养的蚜虫。我才意识到，原来还有比我们更弱小的生命愿意充当我们的奴隶。我对自己的力量也变得更加自信。

나는 마침내 똑똑히 알게 되었다. 다른 이들이 우러러봐 줘야 영웅이 된다는 걸. 뭇 개미들을 깔아뭉개야 영웅의 힘이 우뚝우뚝 도드라진다는 것을 말이다. 나는 우두 머리로 나서기 위해 동족들의 패를 갈라 서로 싸우도록 부추겼다.

我终于明白，英雄是需要别人仰望的，只有湮没群体才能凸显英雄的力量。为了指挥群体，我挑动了一群同类与另一群同类的争斗。

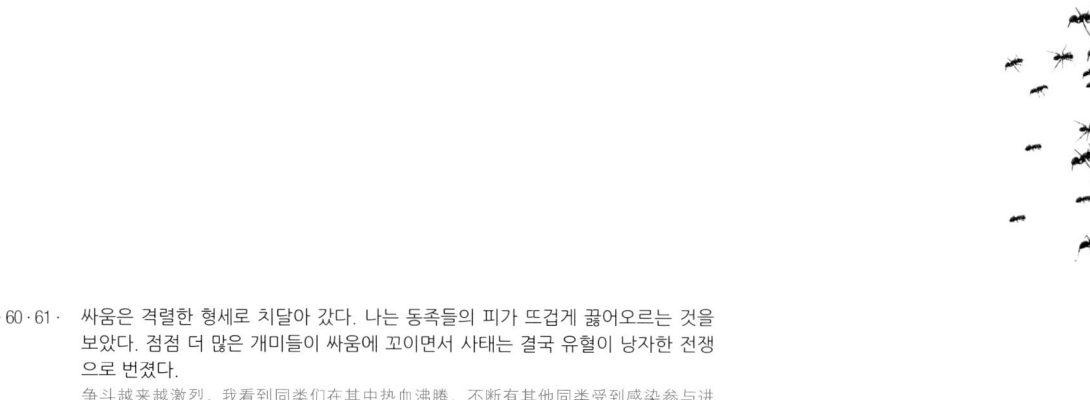

싸움은 격렬한 형세로 치달아 갔다. 나는 동족들의 피가 뜨겁게 끓어오르는 것을 보았다. 점점 더 많은 개미들이 싸움에 꼬이면서 사태는 결국 유혈이 낭자한 전쟁으로 번졌다.

争斗越来越激烈，我看到同类们在其中热血沸腾，不断有其他同类受到感染参与进来，终于发展成相互对峙的血淋淋的战争。

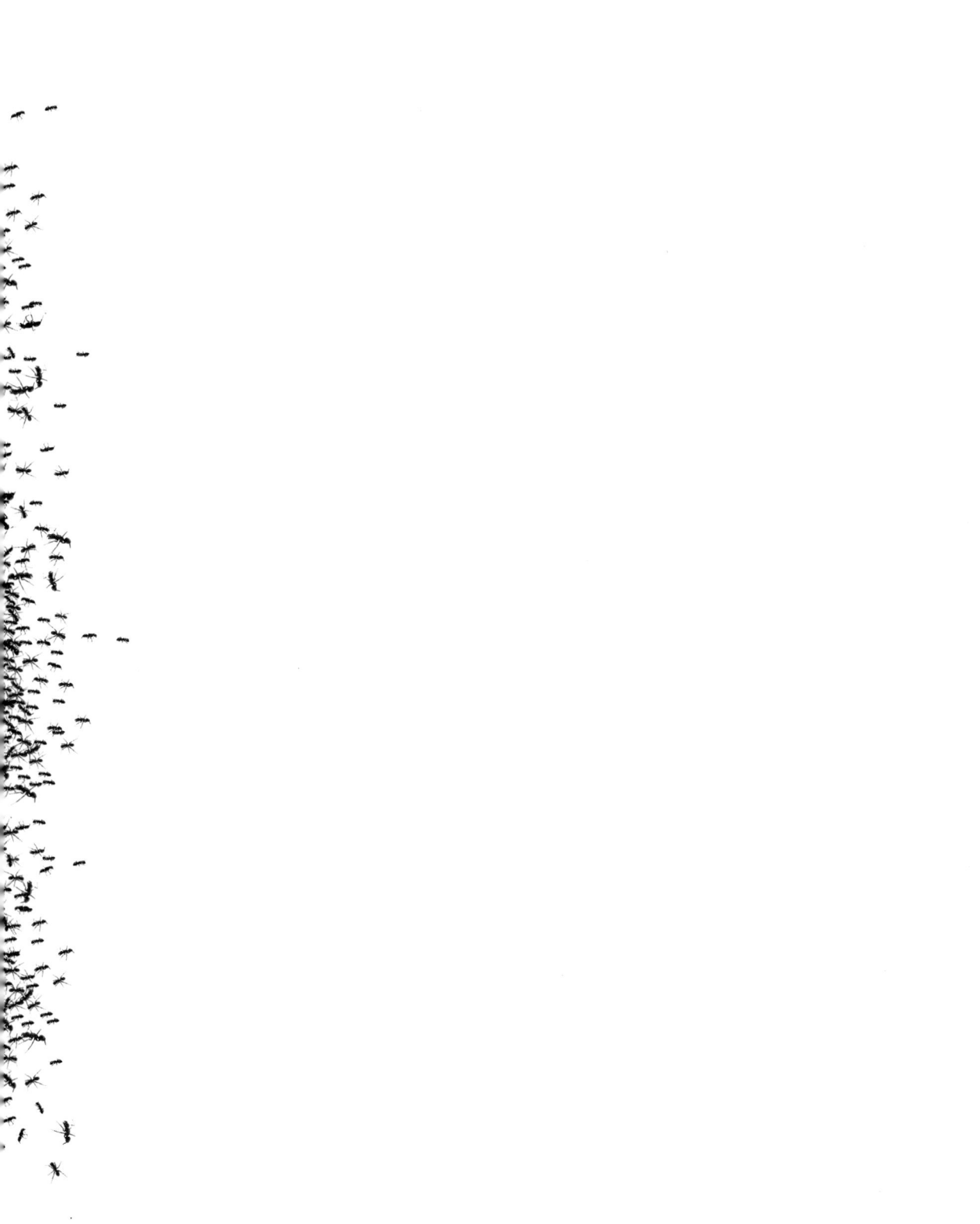

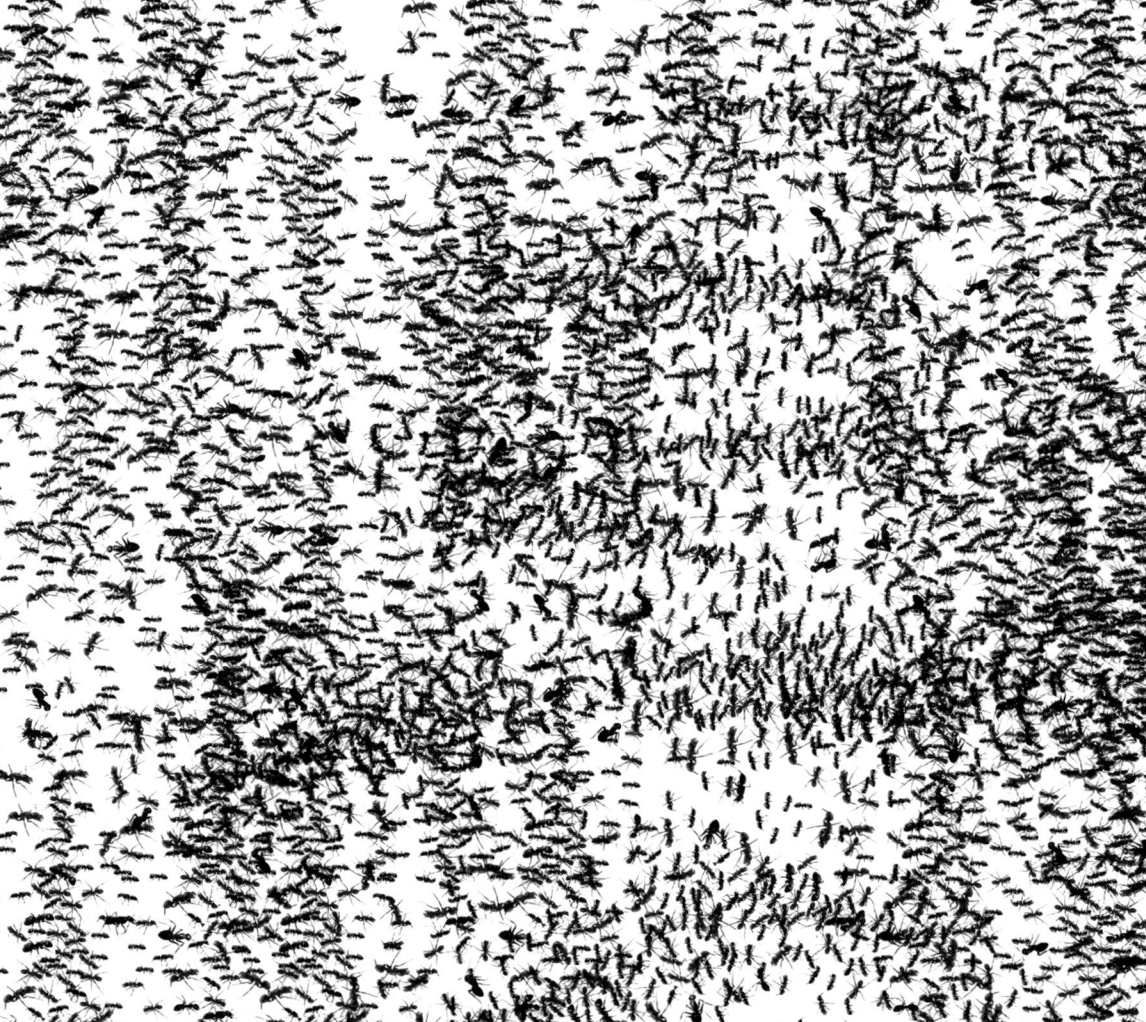

전쟁은 걷잡을 수 없이 커져 어느새 적군과 아군을 분별할 수 없는 아수라장이 되었다. 심지어 같은 편끼리도 서로 죽고 죽이는 지경에 이르렀다. 나의 통제력은 깡그리 바닥났음이 드러났다. 나는 비켜나서 속절없이 바라볼 수밖에 없었다.

战争的规模越来越大，一片狼藉的战场上已经难分彼此，甚至同伙们也开始自相残杀，我发觉我已彻底失去了控制力，只能无奈地在一旁观望。

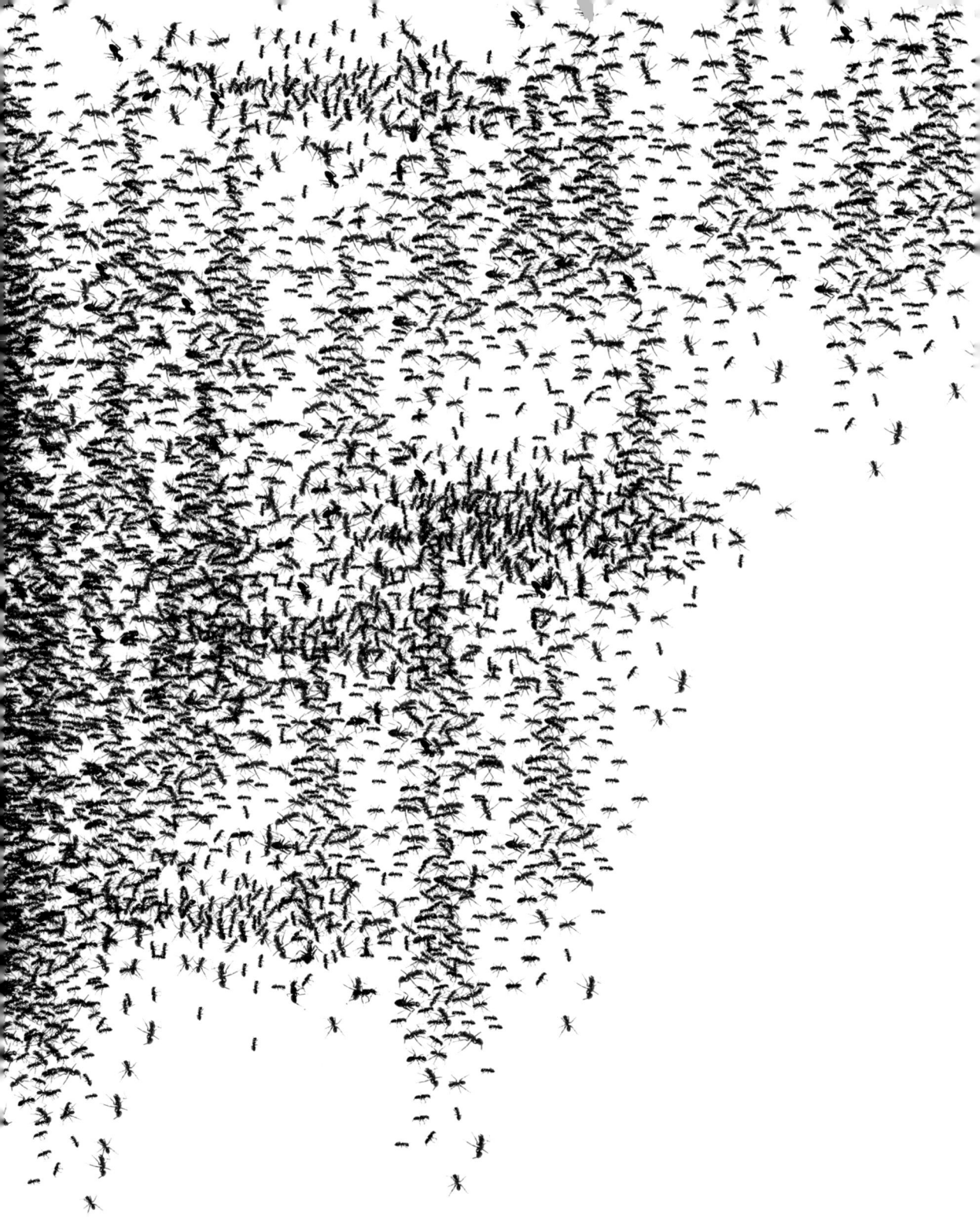

밤이 내렸다. 밤의 장막 아래 시체들이 어지러이 널브러진 벌판은 황량하기 그지없었다. 나는 그 속에 파묻혀 갈팡질팡 허우적댔다. 문득 불어온 찬바람에 정신이 번쩍 났다. 내가 영웅을 꿈꾼 대가로 수천수만 동족의 생명이 스러져야 했다니. 스스로에게 욕지기가 치밀어 진저리를 쳤다.

夜晚终于来临，夜幕下的战场上尸横遍野，一片荒凉。我被淹没弃其中，找不到方向。冷风乍起，我蓦然清醒。原来我的英雄梦居然要以成千上万的同类生命为代价。我觉得自己很脏。

죽음 같은 적막이 지나간 뒤, 나와 내 동족은 차츰 안정을 되찾았다. 우리는 묵묵히 전쟁터를 청소했다. 목이 잘린 동족의 시체를 들어 나르는 길엔 아무도 말이 없었다.

死寂过后，我和我的同类们都恢复了安静。我们默默无声地打扫战场，抬着身首异处的同类尸体，我们一路无语。

나는 슬그머니 동족들 곁을 빠져나와 홀로 쓸쓸히 걸었다. 길가에 담배 시체 한 구가 누워 있었다. 그를 묻어 줄까 싶었지만, 그래 봤자 재 위에 또 다른 재를 덮는 일에 지나지 않겠다는 생각이 들었다. 이미 재가 되어 버린 것을 무엇하러 또 묻는단 말인가?

我一个人悄悄地离开了同类，踽踽独行。路边躺着一具香烟的尸体，我想将它掩埋，却发现只不过是以一种灰烬掩盖另一种灰烬，既已成灰烬，又何必再盖？

풍경을 내려다볼 수 있을까 해서 대나무 가지에 올라갔다. 올라가고 나서야 그것이 대벌레임을 알았다. 그는 이처럼 교묘하게 자신을 감추고 있었다. 그럼으로써 자신을 안전하게 지킬뿐더러 남들이 마음을 놓도록 한 것이다. 이제 알았다. 영웅은 어떻게든 자신을 도드라지게 내보이려 하지만, 지혜로운 이는 잠자코 자신을 감춘다는 걸.

我攀上一根竹枝看风景，爬上去之后才发觉原来是一只竹节虫，他把自己藏得如此巧妙，既让自己安全也让别人放心。我终于明白，英雄只想凸显自己，而智者却想把自己隐藏起来。

나도 나를 감추는 법을 배웠다. 깊이 숨을수록 더 느긋하게 감미로운 식사를 즐길 수 있었고, 성가신 일 없이 호젓하게 지낼 수 있었다. 나는 나를 감추는 온갖 방법을 생각해 냈다. 어떤 때는 더없이 빼어난 솜씨에 남몰래 뿌듯해하기도 했다.

我也学会了隐藏自己，藏得越深，我便越能安然享受食物的美妙与不受惊扰的宁静。我想尽各种办法隐藏自己，有时甚至会为隐藏技术的高超而暗自得意。

나는 그들의 왁자지껄한 모임에 슬쩍 끼어 소란 속의 고요를 구해 볼 요량이었다. 그런데 깊이 숨을수록 시나브로 외로움이 밀려왔다. 겉모습만 보면 그들과 나는 이렇게 빼닮았는데 속은 통하는 데가 하나도 없다니. 그래, 이제부턴 마음을 다잡고 친구를 찾아 나서자.

我把自己淹没在他们嘈杂的聚会中，想闹中取静。可藏得越深，心里的孤独却越加剧。我发现，我和他们表面是如此相似，可本质却十分不同，这时候，我开始真正地想找一个朋友。

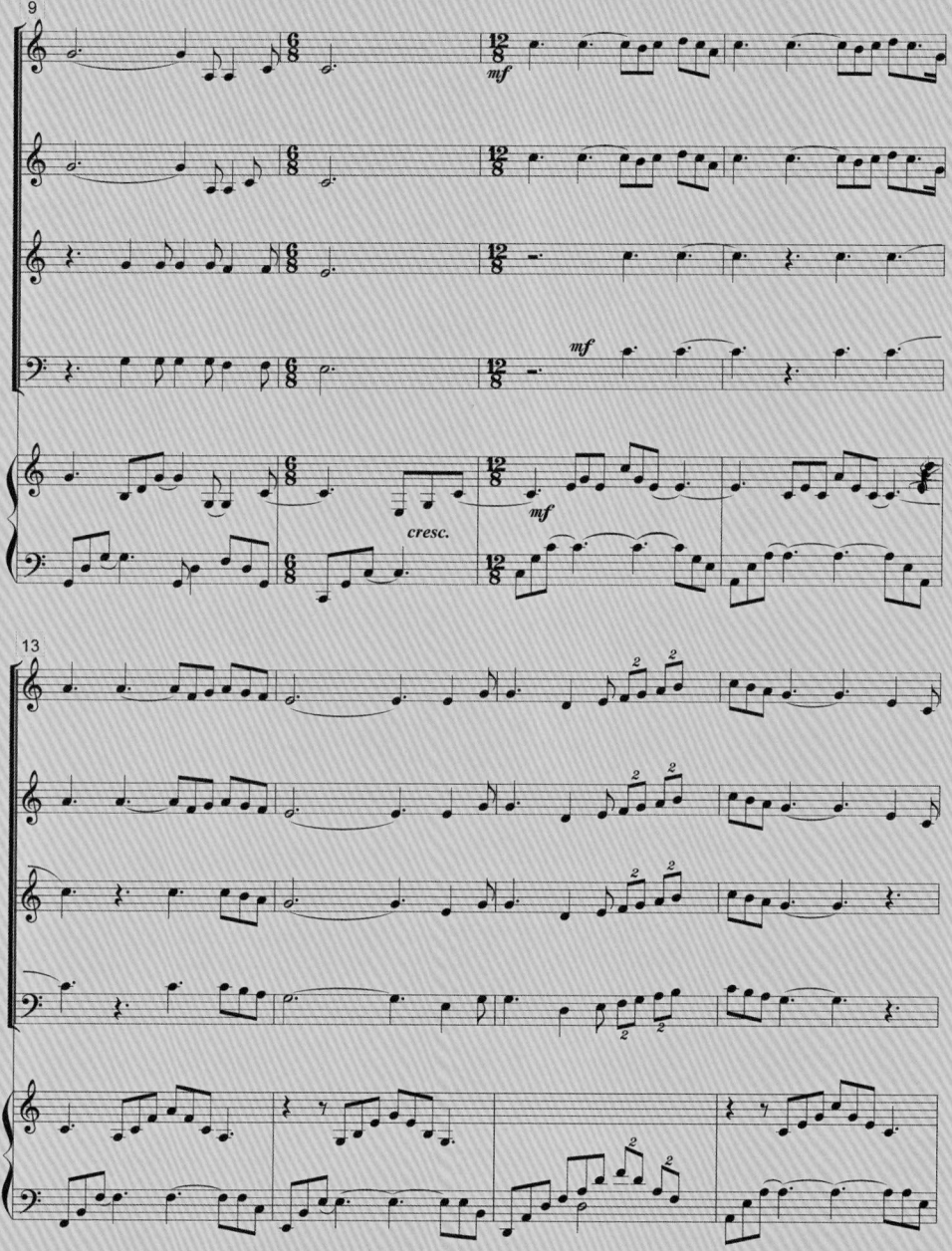

나는 알고 있다. 진정한 친구는 만나게 되는 것이지 구할 수 있는 게 아니다. 그래서 이제껏 지기(知己)를 찾아낼 수 있으리란 헛된 기대는 하지 않았다. 나는 온종일 마음의 문을 걸어 두었다. 그를 만나, 그가 내 마음의 문을 열 열쇠가 되어 줄 때까지.

我知道，真正的朋友可遇而不可求，所以我从不奢望能找到知己。我终日锁着自己的心，直到与他相遇，他成了打开我心门的钥匙。

나와 그, 우리의 저울은 결코 어느 한쪽으로 기울지 않을 것이다. 우리가 너무 작고 가벼워 무게를 잴 도리가 없기 때문이 아니라, 지기의 마음은 언제나 서로 똑같은 무게를 지니기 때문이다.
我和他的天平永不倾斜，并非因为我们太小太轻，无法称量，而是因为知己的心永远有相等的重量。

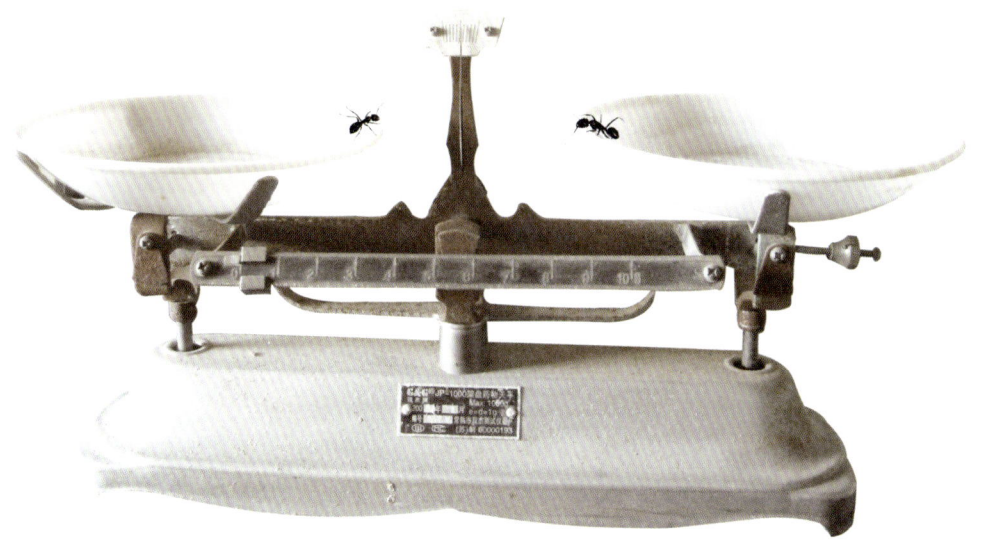

그와 함께 어울려 다니면서 근심걱정 없는 나날이 이어졌다. 사람들은 돈을 목숨처럼 여기기에 돈에 매여 고통 받지만, 우리는 돈을 놀이터로 삼았더니 그 위에서 즐겁게 지낼 수 있었다.

我和他相伴闲游，日子过得无忧无虑。人们把钱当成生命，所以钱带给人痛苦；而我们把钱当成玩具，所以钱带给我们快乐。

때때로 위기일발의 순간에 맞닥뜨리기도 했다. 하루는 목이 말라 호숫가에 가서 물을 마시려는데 그가 나를 붙잡았다. "그건 호수가 아니라 사람의 침이야. 호수의 물은 위험하지 않지만, 사람의 침은 너를 빠져 죽게 할 수도 있어." 친구의 말에 소스라치게 놀란 나는 온몸이 식은땀으로 범벅이 되었다.

我们的生活偶尔也会遇到点险情。某日，我口渴，想去湖边喝水，幸亏他及时拉住了我。他告诉我，那不是湖，是人的唾沫，湖没有危险，人的唾沫却会把你淹死。我惊出了一身冷汗。

가을이 왔다. 우리는 서로 거들며 양식을 모아다 쌓아 두고 겨우살이 채비를 했다. 넉넉하진 않아도 마음이 푹 놓였고, 그만하면 됐다고 여기니 기꺼웠다.

秋天来了，我们相伴劳作，一起准备储藏越冬的食物。食物虽不丰厚，我们倒也心安理得，知足而快乐。

양식을 구하러 다니는 길에 동족들과 마주치곤 했다. 사람이 뱉은 쓰레기를 보물 다루듯 애지중지 나르는 그들을 나는 비웃었다. 친구는 나직이 말했다. "사람들은 으레 뱉어 버린 건 못 쓰는 거라고들 말하는데, 왜 제 뱃속을 채운 건 쓰레기일 리가 없다고 생각할까?"

我们觅食时常常会遇到同类。我嘲笑他们把人嘴里吐出的垃圾当宝贝往回运。朋友却说，人总以为他们吐掉的是没用的东西，焉知他们留在肚里的不是真正的垃圾？

날이 부쩍 싸늘해졌다. 추위를 견디지 못하고 몸이 상한 친구는 그예 내 곁을 뜨고 말 듯이 보였다. 가슴이 미어질 것만 같았다. 무슨 수를 쓰더라도 그의 생명을 붙들어 놓고 싶어 나는 발을 동동 굴렀다.

天气越来越凉了，我的朋友在寒冷面前有些体力不支，即将离我而去，我心中不忍，想尽了一切办法去挽留他的生命。

나는 커다랗고 포근한 깃털을 발견했다. 친구를 불러와 찬바람을 피하게 해 줘야겠다는 생각에 뛸 듯이 기뻤다.
我找到了一大片温暖的羽毛，欣喜地想招呼朋友前来躲避风寒。

그런데 눈앞에서 깃털이 휙 사라졌다. 아뿔싸, 나는 와서는 안 될 곳에 온 거였다. 허둥지둥 줄행랑치는 내 꼴이 재미있다는 듯 친구가 말했다. "아주 따뜻한 곳은 저렇게 아주 무시무시한 곳이 되기도 해. 거긴 갈 데가 아니었어."

驀地，羽毛在眼前消失了。我这才发现找错了地方，慌忙逃离险境。朋友打趣道，有时最温暖的地方恰是最危险的地方，还是不去为妙。

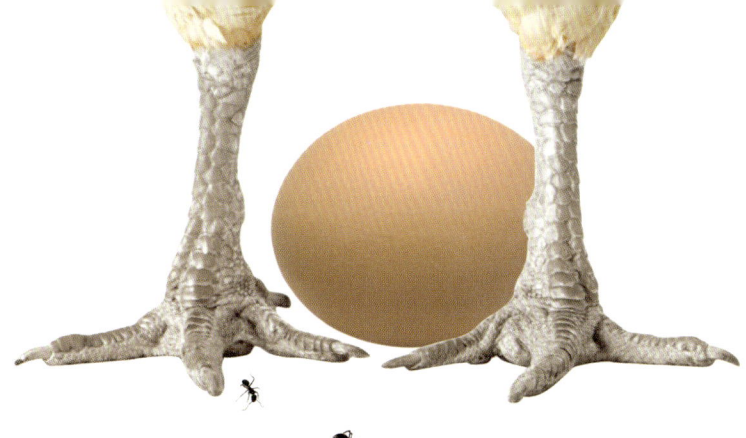

친구의 몸은 점점 쇠약해졌다. 나는 알약을 하나 찾아냈다. 친구는 웃으며 말했다. "알약이 사람의 몸은 구할 수 있겠지만, 우리의 운명을 구할 수는 없어. 병이란 건 나을 수도 있지만, 운명은 되돌릴 수 없는 거야."

朋友的身体越来越弱。我寻到一枚药丸,朋友笑着说,药丸救得了人的身体,却救不了我们的命,病虽可治,命却不能医。

나는 운명을 순순히 받아들일 수 없어 하늘의 뜻을 놓고 한판 내기라도 걸고 싶었다. 하지만 아무리 몸부림쳐도 말판 위의 주사위는 꿈쩍도 하지 않았다. 친구는 다시 웃으며 말했다. "너는 운명을 굴릴 수 있다고 생각하는구나. 실은 운명이 너를 굴려 가는 거야. 그런 데다 힘을 낭비하지 말렴."

我不甘心命运的安排，想去赌一赌天命，可我费尽了所有的力气也转不动赌盘上的骰子。朋友又笑着说，你以为你能转动命运，其实是命运在转动你，不必去浪费力气。

겨울이 한 걸음 한 걸음 다가오면서 점점 더 많은 생명이 스러져 갔다. 한때 힘을 뽐내던 덩치들도, 가녀리고 힘 못 쓰던 이들도, 지금 이 시간만큼은 모두 똑같이 평등하고 똑같이 조용하다. 나는 마침내 깨달았다. 죽음 앞에서 자연은 가장 공평하며, 그런 만큼 생명을 거둬 가는 자연의 힘에는 감히 맞설 수 없다는 걸. 나는 고개를 끄덕이며 마음을 다잡았다. 가면 안 된다고 붙들 게 아니라, 아직 숨이 붙어 있는 동안을 소중히 여겨야지…….

冬天在一步步逼近，越来越多的生命走到了尽头。无论他们曾经多么强大，或者多么弱小，此刻他们都一样平等、一样安静。我终于领悟，大自然在生死面前最公平，因而它的力量也最不可抗拒。于是，也便懂得，对于尚存的生命，最好的态度不是挽留，而是珍惜。

사람들은 종이 위에 이런저런 풍경 그리기를 좋아한다. 종이에 풍경을 붙잡아 두려는 것이다. 나와 내 친구는 그저 아름다운 시절을 떠올리며 한가롭게 종이 위에서 거닐기를 좋아했다. 그렇지만 어떤 흔적도 남기지 않았다. 왜냐하면 우리는 이미 마음속에 풍경을 담아 두었으니까.

人们喜欢在纸上画各种各样的风景，想用纸把风景留住。我和我的朋友都只喜欢在纸上漫步，回忆美好的时光，却不留任何痕迹，因为我们已把风景记在了心里。

친구는 죽음 앞에서 시종 나보다 평온했다. 그는 맑고 서늘한 가을바람 속에서 담담히 떠나갔다. 나는 그를 위해 밤새 노래했다. 피리를 불어 주지도 못했고 내 목소리가 들리지도 않았겠지만, 그에게만은 나의 노래가 가 닿았을 것을 나는 안다.

在死亡面前，朋友始终比我平静，他在清凉的秋风中安详地离去。
我为他唱了一夜的歌，虽然我吹不响竹笛，你听不见我的声音，但我知道他能听见我的歌唱。

추위가 몰아쳐 왔다. 나도 언젠가는 내 친구 곁으로 가리란 걸 안다. 지금 나는 하얗게 부서지는 햇살 아래 예전처럼 혼자지만, 이제 더는 외롭지 않다.

寒冷已降临，我知道或许我也将到我的朋友那儿去。如今我仍旧一人呆在白晃晃的阳光下，但我已不再孤独。

나는 한 마리 개미. 당신에겐 보이지 않는 곳에서 살고 있다. 나의 세계는 비록 컴컴한 어둠으로 온통 둘러싸여 있지만, 당신이 내 이야기를 참을성 있게 끝까지 들어 주었다면 당신은 이미 나의 세계에 한 줄기 빛을 던져 준 것이다.

我是一只蚂蚁，我生活在你看不见的地方。虽然我的世界充满黑暗，但如果你耐心地听完了我的故事，你就为我的世界投下了一束光。

이 책은 독자들과 상호 교감을 추구하는 실험적인 책입니다. 당신은 이 책을 책으로서 간직해도 좋고, 특별한 공책처럼 사용해도 좋습니다. 당신이 책을 읽는 동안 얻은 느낌이며 생각들로 다음 페이지들의 빈 공간을 채워 보면 어떨까요. 글을 쓰든 그림을 그리든, 마음 가는 대로 해 보세요. 이번 독서 체험을 함께 나누고 싶은 친구가 있다면, 이 빈 페이지를 잘라서 편지지로 써도 좋겠지요. 더 나아가, 당신의 작품을 우편이나 이메일을 이용해 우리에게 보내 주세요. 우리는 멋진 작품들을 모아 '개미'에 대한 책을 계속 엮어 낼 생각이랍니다. 우리는 이 책을 읽은 독자들에게 창작의 기운이 샘솟기를 바랍니다. 책을 좋아하는 이들이 이 책을 들고 언제까지나 깊은 생각을 이어 갈 수 있기를 바랍니다. 더 좋은 책이 더 많이 세상에 나오는 힘이 여기에 있을 테니까요. 만약 당신이 이러한 믿음과 열정을 갖고 있다면 우리를 찾아 주세요.

这是一本满足读者互动需求的实验性图书。您既可以把它当作书籍收藏，也可以把它当作一本特殊的笔记本使用。您可以在书后的空白页上记录下阅读过程中的感悟和思想，可以写成文字，也可以绘制图形。如果您愿意与更多的人分享您的体验，可以裁下这些纸页作为赠送朋友的贺卡，也可以把您各种形式的作品以邮寄或电子邮件的方式寄给我们，我们将挑选优秀的读者作品并署名，继续编制成与"蚂蚁"有关的系列主题图书。我们希望推出的这本书能够成为读者的创作源泉，引发爱书者源源不断的思考和创意，为更多更好的新书面世提供一个契机。如果您有这份信心和热情，请与我们联系。

주소 : 난징 시 닝하이 로 122호 난징 사범대학출판사 수이팡 스튜디오 개미 받음
우편번호 : 210097
전화 : 025-83598933, 025-83709604
팩스 : 025-83709604
이메일 : booksyf@163.com
홈페이지 : www.shuyifang.com

地　址：南京市宁海路122号南京师范大学出版社书衣坊工作室　蚂蚁（收）
邮　编：210097
电　话：025－83598933　025－83709604
传　真：025－83709604
E-mail：booksyf@163.com
网　站：www.shuyifang.com

책을 옮기고 나서

힘겹게 달리던 버스는 그예 덜컥 멈춰서고 말았다. 차장이 뭐라 말하는 것 같더니 사람들이 꾸역꾸역 내리기 시작했다. 얼결에 떠밀려 내린 곳은 컴컴하고 휑한 도로변이었다. 고장인가? 버스는 막차였다. 섣달 베이징에 밤이 내리면 메마른 삭풍의 무대가 버적버적 펼쳐진다. 운수 나쁜 날이군. 나는 코트 깃을 있는 대로 여미고 택시비 치를 만큼 돈이 있나 주머니를 뒤적거렸다. 덩샤오핑 시대가 막 저문 그해, 베이징엔 지하철 노선이 달랑 한 줄 있었고, 변두리 시내버스는 저녁 여섯 시 반이면 끊어지기 일쑤였다. 문득 둘러보니 백 명은 되어 보이는 사람들이 웅성웅성 버스를 둘러싸고 있었다. 뭘까, 대거리라도 하려는 건가 했더니, 아차, 끙 하고 버스를 밀고 나가는 것 아닌가! 기다란 굴절버스는 그렇게 사람의 팔다리 힘으로 천천히 움직이기 시작했다. 이내 엔진 걸리는 소리가 들렸고 사람들은 주섬주섬 차에 올라탔다. 아무 일 없었다는 듯 버스는 다시 털털거리며 어둠 속을 헤치고 나아갔다.

첫 번째 중국 유학중에 겪은 일이다. 나는 무사히 숙소로 돌아올 수 있었고, 동료들에게 '인민의 힘'을 봤다며 자랑 삼아 이야기했다. 인민이라 불린 군중은 천안문 광장에 가면 얼마든지 만날 수 있었다. 하지만 군중의 힘이 발휘되는 모습은 그날의 버스 승객들 말고는 달리 떠오르는 게 없다. 기억 속의 그 장면은 개미들이 제 몸의 몇 십 배나 되는 커다란 벌레에 달라붙어 들어 나르는 모습과 겹쳐지곤 했다. 사실, 개미의 이미지는 인민의 노동력을 끌어 모을 때 곧잘 쓰이는 것이기도 하니까……. 아무튼 그 모습을 목격한 지 꼭 십 년 만에 난징을 무대로 활동하는 한 걸출한 북디자이너의 손에서 나온 이 책,《나는 한 마리 개미》를 만났다.

2007년, 이 책이 처음 나왔을 때 서점가에선 일대 논쟁이 벌어졌다. 독자들의 첫 반응은 그리 호의적이지 않았다. 책을 펼치면 대부분 공백인데다 구석에 겨우 한두 줄씩 글이 나오는 책을 과연 책이라 불러도 좋을지 사람들은 어리둥절해했다. 저자는 책 말미에서 '특별한 공책'으로 써도 좋겠다고 제안해 두었지만, 공책을 살 것 같으면 이 책값에 열 권도 사겠다는 푸념이 뒤따랐다. "예쁘긴 한데, 좀 비싸서……" 하는 반응을 넘어 이 책의 기획 의도가 수용되긴 어려워 보였다. 심지어 '물 먹인 책'이라는 야유도 있었다. 도축장에서 값을 더 쳐받으려는 꼼수로 등장한 '물 먹인 소'에 빗댄 표현이다. 책값은 글자 수에 비례해 매겨야 공평하다는 주장은 농담이 아니었다. 이런 논란은 그해 말 이 책이 '중국에서 가장 아름다운 책'으로 선정되면서 쑥 들어갔다. 알고 보니 수상작 중에서 이 책이 제일 쌌다. 아니, 인민들이 선뜻 살 만한 '아름다운 책'은 사실상 이 책 말곤 없었다.

저자의 의도를 잘 보라고 타이르는 의견도 적지 않았다. 저자 주잉춘은 이미 전작 《재단하지 않은 책(不裁)》으로 '세계에서 가장 아름다운 책' 타이틀을 얻은 손꼽히는 디자이너였다. 옹호자들은 모터쇼에 가면 '콘셉트카'가 있듯이 이 책을 '콘셉트북'으로 보아 그 전위적 가치를 수용할 줄 알아야 한다고 주장했다. 저자가 이 책을 '실험적인 책'이라고 부른 것과 궤를 같이한 주장이다. 중국화의 '여백의 미'를 상기시키며, 이 책의 공백들에서 나름의 의미를 찾아보라고도 주문했다. 저자에 따르면, 공백은 생명 존중의 표시이자 독자들에게 남겨 둔 창작의 바탕화면이라고 한다. 2008년 이 책이 '세계에서 가장 아름다운 책'으로 거듭 각광받게 되자, 트집 잡던 이들은 또다시 머쓱해져 버렸다. 이 책은 그 아름다운 타이틀을 소비하려는 화이트칼라와, 취향이라는 말을 빌려 제 존재를 거침없이 드러내는 프티부르주아의 구매 목록에도 올랐다.

비난이든 상찬이든, 책의 꼴과 값에 관심이 몰리는 동안 "나는 한 마리 개미"라는 과감한 문장으로 시작하는 이 책의 메시지는 그저 '개미의 잠꼬대'(이 책의 원제다)라 여겨진 듯 뒷전이었다. 개미가 혼자 행동을 감행한다는 하나의 '선언'이 거기 웅크리고 있는데도! 책 속에서, 눈부신 햇살 아래 덩그러니 놓인 한 마리 개미는 외롭고 위태롭다. 하루하루 살아가기가 막막하다. 시행착오를 반복한다. 협동의 미덕이라든지 근면한 노동 따위 '개미다운' 모습은 좀처럼 볼 수 없다. 하지만 "단결이 곧 힘이다" 같은 구호가 클리셰로 치부되는 이 시대 중국에서, 이 책이 개미 군중의 초월적인 역량을 강조하는 내용이었다면 과거의 향수를 부르는 기념품 매장에나 가야 했을 것이다. 요컨대 길에서 고장 난 버스를 미는 '인민의 힘'을 다시 볼 일은 없어진 것이다. 하여 지금 개미는 혼자다. 홀로 남겨지면 공백투성이인 당신을 위한 공백의 책. '무슨 무슨 꼭 해야 할 일' 유의 처세서에 비하면 이 책의 공백은 훨씬 솔직한 메시지로 다가왔다.

《나는 한 마리 개미》는 2009년 말, 그 사회사적 의미로 또 한 차례 주목을 받았다. 그해 중국에서 최대 유행어는 '개미족'이었다. 대학 졸업 후 미취업 상태로 대도시 변두리에서 집단생활을 하는 젊은이들을 가리키는 말, '개미족'은 그들의 사회 실태를 보고한 연구서의 제목에서 연유했다. 그런데 이 신조어가 나온 배경에 바로 《나는 한 마리 개미》가 있었다. 연구팀 세미나에서 이 책이 거론되었고, 책 속의 개미와 연구 대상 젊은이들의 모습이 너무도 근사하다는 데에 의견이 일치했다. 준비도 없이 사회에 덩그러니 나오게 되는 대학생, 아니 '개미족'은 별을 봐도 갈 길을 짐작할 수 없는 시대, 아니, '중국 특색 사회주의'가 달리는 고도성장 시대의 그늘을 보여 주는 한 단면이다. 그들이 겨우 숨을 돌리는 둥지는 어둡고, 그들의 앞길은 끝을 가늠하기 어려운 공백으로 놓여 있다. 여기 이 개미의 세계와 다를 바 없었던 것이다. "사람과 개미는 원래 같다"는 이 책의 메시지는 그 생명의 가치뿐만 아니라 그 사회적 조건의 변화까지도 염두에 둔 것으로 읽히게 됐다.

초여름 햇살을 피해 교정의 나무 그늘에 가만히 앉아 있으면, 어쩐지 혼자 노는 개미가 부쩍 눈에 띈다. 앞에 가는 개미를 따라가기만 하다간 강자의 노예가 되거나 멋모르고 싸움터에 불려 나간다는 현실을 저 개미들도 자각한 게 틀림없다……. 아니, 아니, 이건 그저 컴컴한 번역의 동굴에서 막 나와 눈을 비비다 멋대로 해 보는 상상일 뿐이다. 그건 그렇고, 《나는 한 마리 개미》를 손에 들고 또 하나의 개미 이야기를 책 위에 그려 넣는 중국의 '개미'들이 적지 않다고 한다. 이제 한국의 '개미'들을 찾아가는 이 책에 다채(多彩), 다음(多音)의 이야기가 더해지기를 빈다.

2011년 6월, 베이징에서
옮긴이

지은이와 옮긴이

그림 주잉춘 朱嬴椿

중국의 저명한 북디자이너. '책의 옷을 짓는 공방'이라는 뜻을 지닌 '수이팡(書衣坊)'의 '주인' 혹은 디자인 총감독이다. 난징 사범대학에서 중국화를 전공했으며, 대학 졸업 후 10년간 출판사에서 장정을 담당했다. 2004년 수이팡 스튜디오를 설립, 독자적인 서적 디자인 작업을 펼쳐 보이기 시작했는데, 그때부터 그의 작품은 '중국에서 가장 아름다운 책'에 잇달아 선정되었으며, 중국 내 각종 도서 디자인 관련 상을 휩쓸었다. 특히 2007년 독일 라이프치히 도서전에서 《재단하지 않은 책》이 '세계에서 가장 아름다운 책'에 선정되면서 국제적으로 주목을 받았다. 이듬해엔 《나는 한 마리 개미》로 유네스코와 독일도서기금이 주관하는 '세계에서 가장 아름다운 책' 특별상을 받았다. 현재 난징 사범대학출판사 예술총감독, 난징 사범대학 편집출판전공과정 겸임교수, 장쑤 성 출판협회 장정예술위원회 주임, '중국에서 가장 아름다운 책' 심사위원 등으로도 활약하고 있다.

글 저우쭝웨이 周宗伟

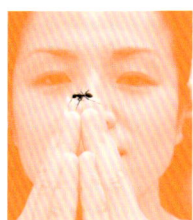

난징 사범대학 교육과학학원 부교수. 주요 연구 분야는 교육사회학 및 문화사회학이며, 교육학·사회학·문학 등 여러 학문 분야를 넘나드는 종합적 연구를 추구하고 있다. 《고귀함과 비천함 — 학교 문화의 사회학적 연구》 등의 연구서를 발표했으며, 장쑤 성 철학사회과학 분야 우수학술상을 수상했다. 주잉춘과 함께 작업한 작품으로 이 책 외에도 《쥐 — 눈이 많던 겨울》이 있다.

옮긴이 장영권

서강대학교 사학과와 동 대학원을 졸업했고, 광운대에서 중국 근현대사를 강의했다. 현재 베이징에 거주하며 좋은 책을 골라 번역하는 일을 하고 있다. 옮긴 책으로 《중국의 두 얼굴 – 영원한 라이벌 베이징 vs. 상하이 두 도시 이야기》가 있다.

《蚁呓》

著: 朱赢椿/图 / 周宗伟/文
copyright©2007 by 江苏文艺出版社
All rights reserved.

Korean Translation Copyright©2011 by Pentagram Publishers
Korean edition is published by arrangement with 江苏文艺出版社 through
EhtersKorea Co., Ltd, Seoul.

이 책의 한국어판 저작권은 (주)엔터스코리아를 통한 중국의 江苏文艺出版社와의 계약으로 도서출판 펜타그램이 소유합니다. 신저작권법에 의하여 한국 내에서 보호를 받는 저작물이므로 무단 전재와 무단 복제를 금합니다.

나는 한 마리 개미

2011년 8월 10일 초판 1쇄 찍음
2011년 8월 22일 초판 1쇄 펴냄

지은이	주잉춘(그림), 저우쭝웨이(글)
옮긴이	장영권
펴낸이	박종일
편 집	문해순
디자인	맑은엔터프라이즈(주)
제 작	(주)상지사 P&B
펴낸곳	도서출판 펜타그램
출판등록	2004년 11월 10일(제313-2004-0000259호)
주소	서울시 마포구 서교동 463-28 공암빌딩 4층
전화	02-322-4124
팩스	02-3143-2854
이메일	penta322@chol.com

한국어판 © 도서출판 펜타그램
ISBN 978-89-956513-7-7

이 도서의 국립중앙도서관 출판시도서목록(CIP)은 e-CIP홈페이지(http://www.nl.go.kr/ecip)와 국가자료공동목록시스템(http://www.nl.go.kr/kolisnet)에서 이용하실 수 있습니다. (CIP제어번호: CIP2011003119)

책값은 뒤표지에 적혀 있습니다. 잘못 만들어진 책은 바꾸어 드립니다.